Contents

Section I :

Multiplication table ___ 3
Multiplaying 0's ___ 5
Multiplaying 1's ___ 6
Multiplaying 2's ___ 7
Multiplaying 3's ___ 8
Multiplaying 4's ___ 9
Multiplaying 5's ___ 10
Multiplaying 6's ___ 11
Multiplaying 7's ___ 12
Multiplaying 8's ___ 13
Multiplaying 9's ___ 14
Multiplaying 10's ___ 15
Multiplaying 11's ___ 16
Multiplaying 12's ___ 17
Multiplaying 13's ___ 18
Multiplaying 14's ___ 19
Multiplaying 15's ___ 20
Solutions ___ 22-37

Section II : (Exercises)

(2 Digits/1 Digit) ___ 39-43
(2 Digits/2 Digits) ___ 45-49
(3 Digits/2 Digits) ___ 51-52
(3 Digits/1 Digit) ___ 54-57

Contents

Find the missing multipliers_____59-62
Solutions_____64-67
Write multiplication sentence_____69-70

Free Sheets!

Email us at

enissaysheets@gmail.com

With the picture of this book
And we'll send you extra
Work sheets!

1

1 × 1 = 1
1 × 2 = 2
1 × 3 = 3
1 × 4 = 4
1 × 5 = 5
1 × 6 = 6
1 × 7 = 7
1 × 8 = 8
1 × 9 = 9
1 × 10 = 10

2

2 × 1 = 2
2 × 2 = 4
2 × 3 = 6
2 × 4 = 8
2 × 5 = 10
2 × 6 = 12
2 × 7 = 14
2 × 8 = 16
2 × 9 = 18
2 × 10 = 20

3

3 × 1 = 3
3 × 2 = 6
3 × 3 = 9
3 × 4 = 12
3 × 5 = 15
3 × 6 = 18
3 × 7 = 21
3 × 8 = 24
3 × 9 = 27
3 × 10 = 30

4

4 × 1 = 4
4 × 2 = 8
4 × 3 = 12
4 × 4 = 16
4 × 5 = 20
4 × 6 = 24
4 × 7 = 28
4 × 8 = 32
4 × 9 = 36
4 × 10 = 40

5

5 × 1 = 5
5 × 2 = 10
5 × 3 = 15
5 × 4 = 20
5 × 5 = 25
5 × 6 = 30
5 × 7 = 35
5 × 8 = 40
5 × 9 = 45
5 × 10 = 50

6

6 × 1 = 6
6 × 2 = 12
6 × 3 = 18
6 × 4 = 24
6 × 5 = 30
6 × 6 = 36
6 × 7 = 42
6 × 8 = 48
6 × 9 = 54
6 × 10 = 60

7

7 × 1 = 7
7 × 2 = 14
7 × 3 = 21
7 × 4 = 28
7 × 5 = 35
7 × 6 = 42
7 × 7 = 49
7 × 8 = 56
7 × 9 = 63
7 × 10 = 70

8

8 × 1 = 8
8 × 2 = 16
8 × 3 = 24
8 × 4 = 32
8 × 5 = 40
8 × 6 = 48
8 × 7 = 56
8 × 8 = 64
8 × 9 = 72
8 × 10 = 80

9

9 × 1 = 9
9 × 2 = 18
9 × 3 = 27
9 × 4 = 36
9 × 5 = 45
9 × 6 = 54
9 × 7 = 63
9 × 8 = 72
9 × 9 = 81
9 × 10 = 90

10
10x1 = 10
10x2 = 20
10x3 = 30
10x4 = 40
10x5 = 50
10x6 = 60
10x7 = 70
10x8 = 80
10x9 = 90
10x10= 100

11
11x1 = 11
11x2 = 22
11x3 = 33
11x4 = 44
11x5 = 55
11x6 = 66
11x7 = 77
11x8 = 88
11x9 = 99
11x10= 100

12
12x1 = 12
12x2 = 24
12x3 = 36
12x4 = 48
12x5 = 60
12x6 = 72
12x7 = 84
12x8 = 96
12x9 = 108
12x10= 120

13
13x1 = 13
13x2 = 26
13x3 = 39
13x4 = 52
13x5 = 65
13x6 = 78
13x7 = 91
13x8 = 104
13x9 = 117
13x10= 130

14
14x1 = 14
14x2 = 28
14x3 = 42
14x4 = 56
14x5 = 70
14x6 = 84
14x7 = 98
14x8 = 112
14x9 = 126
14x10= 140

15
15x1 = 15
15x2 = 30
15x3 = 45
15x4 = 60
15x5 = 75
15x6 = 90
15x7 = 105
15x8 = 120
15x9 = 135
15x10 = 150

IF YOU ENJOY THIS BOOK, PLEASE TAKE A MOMENT TO LEAVE YOUR REVIEW ON AMAZON REVIEW PAGE FOR OUR BOOKS, JUST A FEW WORDS, IT WOULD HELP US A LOT! THANK YOU FOR YOUR SUPPORT!

NAME:_____
DATE:_____
SCORE: /45
Time:

CONCEPT: MULTIPLAYING 0

0 × 8	0 × 3	0 × 2	0 × 3	0 × 7
0 × 2	0 × 9	0 × 10	0 × 5	0 × 9
0 × 2	0 × 5	0 × 2	0 × 3	0 × 5
0 × 11	0 × 6	0 × 1	0 × 1	0 × 11
0 × 3	0 × 6	0 × 7	0 × 4	0 × 3
0 × 12	0 × 10	0 × 12	0 × 6	0 × 1
0 × 8	0 × 4	0 × 8	0 × 9	0 × 2
0 × 9	× 11	0 × 12	0 × 4	0 × 12
0 × 11	0 × 7	0 × 5	0 × 0	0 × 10

NAME:_____
DATE:_____

SCORE: /45

Time:

CONCEPT: MULTIPLAYING 1

```
   1        1        1        1        1
x  8     x  8     x  2     x  3     x  6
_____   _____   _____   _____   _____

   1        1        1        1        1
x  1     x  0     x  2     x  7     x  3
_____   _____   _____   _____   _____

   1        1        1        1        1
x  0     x  1     x  6     x  6     x  5
_____   _____   _____   _____   _____

   1        1        1        1        1
x 10     x  0     x  4     x  1     x 11
_____   _____   _____   _____   _____

   1        1        1        1        1
x  3     x  5     x  9     x  5     x  0
_____   _____   _____   _____   _____

   1        1        1        1        1
x  6     x  2     x 12     x 12     x 11
_____   _____   _____   _____   _____

   1        1        1        1        1
x  2     x  2     x  5     x  8     x  7
_____   _____   _____   _____   _____

   1        1        1        1        1
x  0     x  4     x  9     x 10     x  4
_____   _____   _____   _____   _____

   1        1        1        1        1
x  5     x 12     x  9     x  1     x 10
_____   _____   _____   _____   _____
```

NAME: _____
DATE: _____
SCORE: / 45
Time :

CONCEPT: MULTIPLAYING 2

$$\begin{array}{r}2\\ \times\ 0\\ \hline\end{array}\quad\begin{array}{r}2\\ \times\ 5\\ \hline\end{array}\quad\begin{array}{r}2\\ \times\ 2\\ \hline\end{array}\quad\begin{array}{r}2\\ \times\ 8\\ \hline\end{array}\quad\begin{array}{r}2\\ \times\ 1\\ \hline\end{array}$$

$$\begin{array}{r}2\\ \times\ 10\\ \hline\end{array}\quad\begin{array}{r}2\\ \times\ 9\\ \hline\end{array}\quad\begin{array}{r}2\\ \times\ 0\\ \hline\end{array}\quad\begin{array}{r}2\\ \times\ 11\\ \hline\end{array}\quad\begin{array}{r}2\\ \times\ 11\\ \hline\end{array}$$

$$\begin{array}{r}2\\ \times\ 7\\ \hline\end{array}\quad\begin{array}{r}2\\ \times\ 1\\ \hline\end{array}\quad\begin{array}{r}2\\ \times\ 6\\ \hline\end{array}\quad\begin{array}{r}2\\ \times\ 9\\ \hline\end{array}\quad\begin{array}{r}2\\ \times\ 10\\ \hline\end{array}$$

$$\begin{array}{r}2\\ \times\ 2\\ \hline\end{array}\quad\begin{array}{r}2\\ \times\ 0\\ \hline\end{array}\quad\begin{array}{r}2\\ \times\ 2\\ \hline\end{array}\quad\begin{array}{r}2\\ \times\ 1\\ \hline\end{array}\quad\begin{array}{r}2\\ \times\ 3\\ \hline\end{array}$$

$$\begin{array}{r}2\\ \times\ 0\\ \hline\end{array}\quad\begin{array}{r}2\\ \times\ 12\\ \hline\end{array}\quad\begin{array}{r}2\\ \times\ 11\\ \hline\end{array}\quad\begin{array}{r}2\\ \times\ 9\\ \hline\end{array}\quad\begin{array}{r}2\\ \times\ 3\\ \hline\end{array}$$

$$\begin{array}{r}2\\ \times\ 5\\ \hline\end{array}\quad\begin{array}{r}2\\ \times\ 1\\ \hline\end{array}\quad\begin{array}{r}2\\ \times\ 6\\ \hline\end{array}\quad\begin{array}{r}2\\ \times\ 11\\ \hline\end{array}\quad\begin{array}{r}2\\ \times\ 4\\ \hline\end{array}$$

$$\begin{array}{r}2\\ \times\ 1\\ \hline\end{array}\quad\begin{array}{r}2\\ \times\ 8\\ \hline\end{array}\quad\begin{array}{r}2\\ \times\ 3\\ \hline\end{array}\quad\begin{array}{r}2\\ \times\ 10\\ \hline\end{array}\quad\begin{array}{r}2\\ \times\ 8\\ \hline\end{array}$$

$$\begin{array}{r}2\\ \times\ 12\\ \hline\end{array}\quad\begin{array}{r}2\\ \times\ 5\\ \hline\end{array}\quad\begin{array}{r}2\\ \times\ 4\\ \hline\end{array}\quad\begin{array}{r}2\\ \times\ 7\\ \hline\end{array}\quad\begin{array}{r}2\\ \times\ 5\\ \hline\end{array}$$

$$\begin{array}{r}2\\ \times\ 2\\ \hline\end{array}\quad\begin{array}{r}2\\ \times\ 4\\ \hline\end{array}\quad\begin{array}{r}2\\ \times\ 12\\ \hline\end{array}\quad\begin{array}{r}2\\ \times\ 3\\ \hline\end{array}\quad\begin{array}{r}2\\ \times\ 5\\ \hline\end{array}$$

NAME: _____
DATE: _____
SCORE: / 45
Time:

CONCEPT: MULTIPLAYING 3

$$\begin{array}{r}3\\ \times\ 2\\ \hline\end{array} \qquad \begin{array}{r}3\\ \times\ 1\\ \hline\end{array} \qquad \begin{array}{r}3\\ \times\ 7\\ \hline\end{array} \qquad \begin{array}{r}3\\ \times\ 11\\ \hline\end{array} \qquad \begin{array}{r}3\\ \times\ 3\\ \hline\end{array}$$

$$\begin{array}{r}3\\ \times\ 8\\ \hline\end{array} \qquad \begin{array}{r}3\\ \times\ 5\\ \hline\end{array} \qquad \begin{array}{r}3\\ \times\ 1\\ \hline\end{array} \qquad \begin{array}{r}3\\ \times\ 0\\ \hline\end{array} \qquad \begin{array}{r}3\\ \times\ 9\\ \hline\end{array}$$

$$\begin{array}{r}3\\ \times\ 3\\ \hline\end{array} \qquad \begin{array}{r}3\\ \times\ 5\\ \hline\end{array} \qquad \begin{array}{r}3\\ \times\ 4\\ \hline\end{array} \qquad \begin{array}{r}3\\ \times\ 2\\ \hline\end{array} \qquad \begin{array}{r}3\\ \times\ 4\\ \hline\end{array}$$

$$\begin{array}{r}3\\ \times\ 0\\ \hline\end{array} \qquad \begin{array}{r}3\\ \times\ 12\\ \hline\end{array} \qquad \begin{array}{r}3\\ \times\ 12\\ \hline\end{array} \qquad \begin{array}{r}3\\ \times\ 3\\ \hline\end{array} \qquad \begin{array}{r}3\\ \times\ 2\\ \hline\end{array}$$

$$\begin{array}{r}3\\ \times\ 6\\ \hline\end{array} \qquad \begin{array}{r}3\\ \times\ 11\\ \hline\end{array} \qquad \begin{array}{r}3\\ \times\ 9\\ \hline\end{array} \qquad \begin{array}{r}3\\ \times\ 11\\ \hline\end{array} \qquad \begin{array}{r}3\\ \times\ 7\\ \hline\end{array}$$

$$\begin{array}{r}3\\ \times\ 12\\ \hline\end{array} \qquad \begin{array}{r}3\\ \times\ 10\\ \hline\end{array} \qquad \begin{array}{r}3\\ \times\ 11\\ \hline\end{array} \qquad \begin{array}{r}3\\ \times\ 7\\ \hline\end{array} \qquad \begin{array}{r}3\\ \times\ 4\\ \hline\end{array}$$

$$\begin{array}{r}3\\ \times\ 12\\ \hline\end{array} \qquad \begin{array}{r}3\\ \times\ 5\\ \hline\end{array} \qquad \begin{array}{r}3\\ \times\ 9\\ \hline\end{array} \qquad \begin{array}{r}3\\ \times\ 6\\ \hline\end{array} \qquad \begin{array}{r}3\\ \times\ 10\\ \hline\end{array}$$

$$\begin{array}{r}3\\ \times\ 8\\ \hline\end{array} \qquad \begin{array}{r}3\\ \times\ 7\\ \hline\end{array} \qquad \begin{array}{r}3\\ \times\ 12\\ \hline\end{array} \qquad \begin{array}{r}3\\ \times\ 8\\ \hline\end{array} \qquad \begin{array}{r}3\\ \times\ 1\\ \hline\end{array}$$

$$\begin{array}{r}3\\ \times\ 10\\ \hline\end{array} \qquad \begin{array}{r}3\\ \times\ 0\\ \hline\end{array} \qquad \begin{array}{r}3\\ \times\ 0\\ \hline\end{array} \qquad \begin{array}{r}3\\ \times\ 9\\ \hline\end{array} \qquad \begin{array}{r}3\\ \times\ 2\\ \hline\end{array}$$

NAME:_____	SCORE:	/45	Time :
DATE:_____			

CONCEPT: MULTIPLAYING 4

4 × 9	4 × 6	4 × 8	4 × 11	4 × 9
4 × 2	4 × 9	4 × 8	4 × 5	4 × 3
4 × 0	4 × 4	4 × 5	4 × 1	4 × 4
4 × 5	4 × 2	4 × 10	4 × 3	4 × 1
4 × 0	4 × 10	4 × 12	4 × 7	4 × 3
4 × 1	4 × 0	4 × 2	4 × 9	4 × 1
4 × 5	4 × 12	4 × 5	4 × 11	4 × 10
4 × 2	4 × 9	4 × 6	4 × 4	4 × 0
4 × 8	4 × 12	4 × 11	4 × 11	4 × 1

NAME:_____
DATE:_____ SCORE: / 45   Time:

CONCEPT: MULTIPLAYING 5

5 × 10	5 × 4	5 × 7	5 × 6	5 × 1
5 × 1	5 × 12	5 × 1	5 × 5	5 × 0
5 × 11	5 × 0	5 × 12	5 × 1	5 × 2
5 × 6	5 × 2	5 × 8	5 × 4	5 × 9
5 × 10	5 × 12	5 × 6	5 × 11	5 × 2
5 × 8	5 × 0	5 × 3	5 × 11	5 × 7
5 × 12	5 × 0	5 × 9	5 × 4	5 × 2
5 × 3	5 × 7	5 × 8	5 × 9	5 × 11
5 × 1	5 × 5	5 × 5	5 × 4	5 × 6

NAME: _____
DATE: _____
SCORE: / 45
Time:

CONCEPT: MULTIPLAYING 6

6 × 11	6 × 1	6 × 3	6 × 2	6 × 5
6 × 7	6 × 7	6 × 6	6 × 1	6 × 3
6 × 11	6 × 2	6 × 7	6 × 10	6 × 10
6 × 5	6 × 9	6 × 2	6 × 6	6 × 10
6 × 0	6 × 6	6 × 1	6 × 6	6 × 2
6 × 3	6 × 4	6 × 1	6 × 8	6 × 2
6 × 4	6 × 8	6 × 11	6 × 0	6 × 10
6 × 5	6 × 1	6 × 3	6 × 4	6 × 7
6 × 0	6 × 9	6 × 9	6 × 4	6 × 6

NAME: _____
DATE: _____
SCORE: / 45
Time:

CONCEPT: MULTIPLAYING 7

$$\begin{array}{r}7\\\times\ 8\\\hline\end{array}\qquad\begin{array}{r}7\\\times\ 3\\\hline\end{array}\qquad\begin{array}{r}7\\\times\ 2\\\hline\end{array}\qquad\begin{array}{r}7\\\times\ 3\\\hline\end{array}\qquad\begin{array}{r}7\\\times\ 7\\\hline\end{array}$$

$$\begin{array}{r}7\\\times\ 2\\\hline\end{array}\qquad\begin{array}{r}7\\\times\ 9\\\hline\end{array}\qquad\begin{array}{r}7\\\times\ 10\\\hline\end{array}\qquad\begin{array}{r}7\\\times\ 5\\\hline\end{array}\qquad\begin{array}{r}7\\\times\ 9\\\hline\end{array}$$

$$\begin{array}{r}7\\\times\ 2\\\hline\end{array}\qquad\begin{array}{r}7\\\times\ 5\\\hline\end{array}\qquad\begin{array}{r}7\\\times\ 2\\\hline\end{array}\qquad\begin{array}{r}7\\\times\ 3\\\hline\end{array}\qquad\begin{array}{r}7\\\times\ 5\\\hline\end{array}$$

$$\begin{array}{r}7\\\times\ 11\\\hline\end{array}\qquad\begin{array}{r}7\\\times\ 6\\\hline\end{array}\qquad\begin{array}{r}7\\\times\ 1\\\hline\end{array}\qquad\begin{array}{r}7\\\times\ 1\\\hline\end{array}\qquad\begin{array}{r}7\\\times\ 11\\\hline\end{array}$$

$$\begin{array}{r}7\\\times\ 3\\\hline\end{array}\qquad\begin{array}{r}7\\\times\ 6\\\hline\end{array}\qquad\begin{array}{r}7\\\times\ 7\\\hline\end{array}\qquad\begin{array}{r}7\\\times\ 4\\\hline\end{array}\qquad\begin{array}{r}7\\\times\ 3\\\hline\end{array}$$

$$\begin{array}{r}7\\\times\ 12\\\hline\end{array}\qquad\begin{array}{r}7\\\times\ 10\\\hline\end{array}\qquad\begin{array}{r}7\\\times\ 12\\\hline\end{array}\qquad\begin{array}{r}7\\\times\ 6\\\hline\end{array}\qquad\begin{array}{r}7\\\times\ 1\\\hline\end{array}$$

$$\begin{array}{r}7\\\times\ 8\\\hline\end{array}\qquad\begin{array}{r}7\\\times\ 4\\\hline\end{array}\qquad\begin{array}{r}7\\\times\ 8\\\hline\end{array}\qquad\begin{array}{r}7\\\times\ 9\\\hline\end{array}\qquad\begin{array}{r}7\\\times\ 2\\\hline\end{array}$$

$$\begin{array}{r}7\\\times\ 9\\\hline\end{array}\qquad\begin{array}{r}7\\\times\ 11\\\hline\end{array}\qquad\begin{array}{r}7\\\times\ 12\\\hline\end{array}\qquad\begin{array}{r}7\\\times\ 4\\\hline\end{array}\qquad\begin{array}{r}7\\\times\ 12\\\hline\end{array}$$

$$\begin{array}{r}7\\\times\ 11\\\hline\end{array}\qquad\begin{array}{r}7\\\times\ 7\\\hline\end{array}\qquad\begin{array}{r}7\\\times\ 5\\\hline\end{array}\qquad\begin{array}{r}7\\\times\ 0\\\hline\end{array}\qquad\begin{array}{r}7\\\times\ 10\\\hline\end{array}$$

NAME:_____
DATE:_____
SCORE: ___ / 45
Time :

CONCEPT: MULTIPLAYING 8

```
   8        8        8        8        8
x  9     x  2     x  8     x  5     x  1
_____   _____   _____   _____   _____

   8        8        8        8        8
x  3     x  6     x  0     x  1     x  7
_____   _____   _____   _____   _____

   8        8        8        8        8
x  5     x  1     x  2     x  3     x  0
_____   _____   _____   _____   _____

   8        8        8        8        8
x  6     x  5     x  7     x 10     x  9
_____   _____   _____   _____   _____

   8        8        8        8        8
x 11     x  8     x  8     x  6     x  9
_____   _____   _____   _____   _____

   8        8        8        8        8
x  7     x 10     x  3     x  2     x  0
_____   _____   _____   _____   _____

   8        8        8        8        8
x  3     x 12     x  2     x  9     x 12
_____   _____   _____   _____   _____

   8        8        8        8        8
x 11     x  6     x  3     x  4     x  8
_____   _____   _____   _____   _____

   8        8        8        8        8
x  8     x 10     x  4     x  7     x  4
_____   _____   _____   _____   _____
```

NAME:_____
DATE:_____
SCORE: / 45
Time:

CONCEPT: MULTIPLAYING 9

9 × 0	9 × 3	9 × 5	9 × 10	9 × 12
9 × 2	9 × 5	9 × 0	9 × 3	9 × 1
9 × 10	9 × 11	9 × 4	9 × 3	9 × 0
9 × 12	9 × 12	9 × 9	9 × 4	9 × 6
9 × 7	9 × 9	9 × 10	9 × 5	9 × 4
9 × 11	9 × 8	9 × 12	9 × 1	9 × 0
9 × 2	9 × 11	9 × 1	9 × 8	9 × 11
9 × 2	9 × 4	9 × 5	9 × 11	9 × 1
9 × 9	9 × 6	9 × 1	9 × 10	9 × 6

NAME:_____
DATE:_____
SCORE: /45
Time:

CONCEPT: MULTIPLAYING 10

10	10	10	10	10
x 0	x 10	x 6	x 1	x 12

10	10	10	10	10
x 5	x 2	x 12	x 4	x 4

10	10	10	10	10
x 3	x 3	x 0	x 2	x 12

10	10	10	10	10
x 11	x 12	x 7	x 4	x 2

10	10	10	10	10
x 10	x 5	x 11	x 6	x 4

10	10	10	10	10
x 8	x 1	x 11	x 2	x 5

10	10	10	10	10
x 6	x 7	x 4	x 2	x 10

10	10	10	10	10
x 11	x 12	x 5	x 9	x 6

10	10	10	10	10
x 1	x 0	x 5	x 8	x 7

NAME: _____
DATE: _____
SCORE: / 45
Time :

CONCEPT: MULTIPLAYING 11

11 × 3	11 × 8	11 × 7	11 × 0	11 × 9
11 × 8	11 × 5	11 × 1	11 × 2	11 × 4
11 × 3	11 × 2	11 × 10	11 × 8	11 × 12
11 × 2	11 × 12	11 × 12	11 × 2	11 × 8
11 × 5	11 × 10	11 × 0	11 × 0	11 × 12
11 × 7	11 × 3	11 × 6	11 × 5	11 × 12
11 × 9	11 × 1	11 × 4	11 × 4	11 × 7
11 × 11	11 × 7	11 × 11	11 × 9	11 × 10
11 × 8	11 × 9	11 × 0	11 × 1	11 × 10

NAME:_____
DATE:_____
SCORE: /45
Time:

CONCEPT: MULTIPLAYING 12

12 × 10	12 × 1	12 × 1	12 × 6	12 × 4
12 × 10	12 × 12	12 × 5	12 × 4	12 × 12
12 × 7	12 × 11	12 × 3	12 × 4	12 × 11
12 × 9	12 × 1	12 × 0	12 × 2	12 × 7
12 × 8	12 × 9	12 × 9	12 × 11	12 × 7
12 × 0	12 × 5	12 × 3	12 × 8	12 × 12
12 × 1	12 × 8	12 × 8	12 × 8	12 × 5
12 × 7	12 × 3	12 × 10	12 × 12	12 × 2
12 × 4	12 × 11	12 × 10	12 × 11	12 × 1

NAME: _____
DATE: _____
SCORE: / 45
Time:

CONCEPT: MULTIPLAYING 13

13 × 1	13 × 4	13 × 10	13 × 5	13 × 8
13 × 0	13 × 11	13 × 2	13 × 9	13 × 7
13 × 5	13 × 8	13 × 11	13 × 10	13 × 1
13 × 8	13 × 11	13 × 8	13 × 12	13 × 3
13 × 12	13 × 6	13 × 12	13 × 1	13 × 10
13 × 6	13 × 11	13 × 1	13 × 9	13 × 3
13 × 10	13 × 4	13 × 7	13 × 9	13 × 4
13 × 5	13 × 10	13 × 2	13 × 4	13 × 5
13 × 2	13 × 2	13 × 9	13 × 7	13 × 4

NAME:_____ SCORE: / 45 Time :

DATE:_____

CONCEPT: MULTIPLAYING 14

14 × 10	14 × 5	14 × 3	14 × 7	14 × 6
14 × 10	14 × 2	14 × 2	14 × 9	14 × 0
14 × 1	14 × 4	14 × 0	14 × 5	14 × 8
14 × 9	14 × 6	14 × 1	14 × 11	14 × 11
14 × 0	14 × 0	14 × 5	14 × 3	14 × 5
14 × 10	14 × 8	14 × 9	14 × 7	14 × 1
14 × 11	14 × 9	14 × 12	14 × 3	14 × 7
14 × 4	14 × 4	14 × 9	14 × 4	14 × 12
14 × 10	14 × 0	14 × 8	14 × 7	14 × 12

NAME:_____
DATE:_____
SCORE: / 45
Time:

CONCEPT: MULTIPLAYING 15

15 × 4	15 × 12	15 × 3	15 × 11	15 × 6
15 × 2	15 × 2	15 × 5	15 × 9	15 × 4
15 × 12	15 × 10	15 × 5	15 × 2	15 × 7
15 × 1	15 × 12	15 × 6	15 × 5	15 × 0
15 × 5	15 × 0	15 × 3	15 × 4	15 × 12
15 × 1	15 × 8	15 × 4	15 × 7	15 × 5
15 × 2	15 × 0	15 × 8	15 × 11	15 × 9
15 × 8	15 × 9	15 × 9	15 × 10	15 × 7
15 × 3	15 × 3	15 × 8	15 × 0	15 × 1

SOLUTIONS

SOLUTION: MULTIPLAYING 0

0 × 8 = 0	0 × 3 = 0	0 × 2 = 0	0 × 3 = 0	0 × 7 = 0
0 × 2 = 0	0 × 9 = 0	0 × 10 = 0	0 × 5 = 0	0 × 9 = 0
0 × 2 = 0	0 × 5 = 0	0 × 2 = 0	0 × 3 = 0	0 × 5 = 0
0 × 11 = 0	0 × 6 = 0	0 × 1 = 0	0 × 1 = 0	0 × 11 = 0
0 × 3 = 0	0 × 6 = 0	0 × 7 = 0	0 × 4 = 0	0 × 3 = 0
0 × 12 = 0	0 × 10 = 0	0 × 12 = 0	0 × 6 = 0	0 × 1 = 0
0 × 8 = 0	0 × 4 = 0	0 × 8 = 0	0 × 9 = 0	0 × 2 = 0
0 × 9 = 0	0 × 11 = 0	0 × 12 = 0	0 × 4 = 0	0 × 12 = 0
0 × 11 = 0	0 × 7 = 0	0 × 5 = 0	0 × 0 = 0	0 × 10 = 0

SOLUTION: MULTIPLAYING 1

1 × 8 = 8	1 × 8 = 8	1 × 2 = 2	1 × 3 = 3	1 × 6 = 6
1 × 1 = 1	1 × 0 = 0	1 × 2 = 2	1 × 7 = 7	1 × 3 = 3
1 × 0 = 0	1 × 1 = 1	1 × 6 = 6	1 × 6 = 6	1 × 5 = 5
1 × 10 = 10	1 × 0 = 0	1 × 4 = 4	1 × 1 = 1	1 × 11 = 11
1 × 3 = 3	1 × 5 = 5	1 × 9 = 9	1 × 5 = 5	1 × 0 = 0
1 × 6 = 6	1 × 2 = 2	1 × 12 = 12	1 × 12 = 12	1 × 11 = 11
1 × 2 = 2	1 × 2 = 2	1 × 5 = 5	1 × 8 = 8	1 × 7 = 7
1 × 0 = 0	1 × 4 = 4	1 × 9 = 9	1 × 10 = 10	1 × 4 = 4
1 × 5 = 5	1 × 12 = 12	1 × 9 = 9	1 × 1 = 1	1 × 10 = 10

SOLUTION: MULTIPLAYING 2

$\begin{array}{r} 2 \\ \times\ 0 \\ \hline 0 \end{array}$	$\begin{array}{r} 2 \\ \times\ 5 \\ \hline 10 \end{array}$	$\begin{array}{r} 2 \\ \times\ 2 \\ \hline 4 \end{array}$	$\begin{array}{r} 2 \\ \times\ 8 \\ \hline 16 \end{array}$	$\begin{array}{r} 2 \\ \times\ 1 \\ \hline 2 \end{array}$
$\begin{array}{r} 2 \\ \times\ 10 \\ \hline 20 \end{array}$	$\begin{array}{r} 2 \\ \times\ 9 \\ \hline 18 \end{array}$	$\begin{array}{r} 2 \\ \times\ 0 \\ \hline 0 \end{array}$	$\begin{array}{r} 2 \\ \times\ 11 \\ \hline 22 \end{array}$	$\begin{array}{r} 2 \\ \times\ 11 \\ \hline 22 \end{array}$
$\begin{array}{r} 2 \\ \times\ 7 \\ \hline 14 \end{array}$	$\begin{array}{r} 2 \\ \times\ 1 \\ \hline 2 \end{array}$	$\begin{array}{r} 2 \\ \times\ 6 \\ \hline 12 \end{array}$	$\begin{array}{r} 2 \\ \times\ 9 \\ \hline 18 \end{array}$	$\begin{array}{r} 2 \\ \times\ 10 \\ \hline 20 \end{array}$
$\begin{array}{r} 2 \\ \times\ 2 \\ \hline 4 \end{array}$	$\begin{array}{r} 2 \\ \times\ 0 \\ \hline 0 \end{array}$	$\begin{array}{r} 2 \\ \times\ 2 \\ \hline 4 \end{array}$	$\begin{array}{r} 2 \\ \times\ 1 \\ \hline 2 \end{array}$	$\begin{array}{r} 2 \\ \times\ 3 \\ \hline 6 \end{array}$
$\begin{array}{r} 2 \\ \times\ 0 \\ \hline 0 \end{array}$	$\begin{array}{r} 2 \\ \times\ 12 \\ \hline 24 \end{array}$	$\begin{array}{r} 2 \\ \times\ 11 \\ \hline 22 \end{array}$	$\begin{array}{r} 2 \\ \times\ 9 \\ \hline 18 \end{array}$	$\begin{array}{r} 2 \\ \times\ 3 \\ \hline 6 \end{array}$
$\begin{array}{r} 2 \\ \times\ 5 \\ \hline 10 \end{array}$	$\begin{array}{r} 2 \\ \times\ 1 \\ \hline 2 \end{array}$	$\begin{array}{r} 2 \\ \times\ 6 \\ \hline 12 \end{array}$	$\begin{array}{r} 2 \\ \times\ 11 \\ \hline 22 \end{array}$	$\begin{array}{r} 2 \\ \times\ 4 \\ \hline 8 \end{array}$
$\begin{array}{r} 2 \\ \times\ 1 \\ \hline 2 \end{array}$	$\begin{array}{r} 2 \\ \times\ 8 \\ \hline 16 \end{array}$	$\begin{array}{r} 2 \\ \times\ 3 \\ \hline 6 \end{array}$	$\begin{array}{r} 2 \\ \times\ 10 \\ \hline 20 \end{array}$	$\begin{array}{r} 2 \\ \times\ 8 \\ \hline 16 \end{array}$
$\begin{array}{r} 2 \\ \times\ 12 \\ \hline 24 \end{array}$	$\begin{array}{r} 2 \\ \times\ 5 \\ \hline 10 \end{array}$	$\begin{array}{r} 2 \\ \times\ 4 \\ \hline 8 \end{array}$	$\begin{array}{r} 2 \\ \times\ 7 \\ \hline 14 \end{array}$	$\begin{array}{r} 2 \\ \times\ 5 \\ \hline 10 \end{array}$
$\begin{array}{r} 2 \\ \times\ 2 \\ \hline 4 \end{array}$	$\begin{array}{r} 2 \\ \times\ 4 \\ \hline 8 \end{array}$	$\begin{array}{r} 2 \\ \times\ 12 \\ \hline 24 \end{array}$	$\begin{array}{r} 2 \\ \times\ 3 \\ \hline 6 \end{array}$	$\begin{array}{r} 2 \\ \times\ 5 \\ \hline 10 \end{array}$

SOLUTION: MULTIPLAYING 3

$\begin{array}{r} 3 \\ \times\ 2 \\ \hline 6 \end{array}$	$\begin{array}{r} 3 \\ \times\ 1 \\ \hline 3 \end{array}$	$\begin{array}{r} 3 \\ \times\ 7 \\ \hline 21 \end{array}$	$\begin{array}{r} 3 \\ \times\ 11 \\ \hline 33 \end{array}$	$\begin{array}{r} 3 \\ \times\ 3 \\ \hline 9 \end{array}$
$\begin{array}{r} 3 \\ \times\ 8 \\ \hline 24 \end{array}$	$\begin{array}{r} 3 \\ \times\ 5 \\ \hline 15 \end{array}$	$\begin{array}{r} 3 \\ \times\ 1 \\ \hline 3 \end{array}$	$\begin{array}{r} 3 \\ \times\ 0 \\ \hline 0 \end{array}$	$\begin{array}{r} 3 \\ \times\ 9 \\ \hline 27 \end{array}$
$\begin{array}{r} 3 \\ \times\ 3 \\ \hline 9 \end{array}$	$\begin{array}{r} 3 \\ \times\ 5 \\ \hline 15 \end{array}$	$\begin{array}{r} 3 \\ \times\ 4 \\ \hline 12 \end{array}$	$\begin{array}{r} 3 \\ \times\ 2 \\ \hline 6 \end{array}$	$\begin{array}{r} 3 \\ \times\ 4 \\ \hline 12 \end{array}$
$\begin{array}{r} 3 \\ \times\ 0 \\ \hline 0 \end{array}$	$\begin{array}{r} 3 \\ \times\ 12 \\ \hline 36 \end{array}$	$\begin{array}{r} 3 \\ \times\ 12 \\ \hline 36 \end{array}$	$\begin{array}{r} 3 \\ \times\ 3 \\ \hline 9 \end{array}$	$\begin{array}{r} 3 \\ \times\ 2 \\ \hline 6 \end{array}$
$\begin{array}{r} 3 \\ \times\ 6 \\ \hline 18 \end{array}$	$\begin{array}{r} 3 \\ \times\ 11 \\ \hline 33 \end{array}$	$\begin{array}{r} 3 \\ \times\ 9 \\ \hline 27 \end{array}$	$\begin{array}{r} 3 \\ \times\ 11 \\ \hline 33 \end{array}$	$\begin{array}{r} 3 \\ \times\ 7 \\ \hline 21 \end{array}$
$\begin{array}{r} 3 \\ \times\ 12 \\ \hline 36 \end{array}$	$\begin{array}{r} 3 \\ \times\ 10 \\ \hline 30 \end{array}$	$\begin{array}{r} 3 \\ \times\ 11 \\ \hline 33 \end{array}$	$\begin{array}{r} 3 \\ \times\ 7 \\ \hline 21 \end{array}$	$\begin{array}{r} 3 \\ \times\ 4 \\ \hline 12 \end{array}$
$\begin{array}{r} 3 \\ \times\ 12 \\ \hline 36 \end{array}$	$\begin{array}{r} 3 \\ \times\ 5 \\ \hline 15 \end{array}$	$\begin{array}{r} 3 \\ \times\ 9 \\ \hline 27 \end{array}$	$\begin{array}{r} 3 \\ \times\ 6 \\ \hline 18 \end{array}$	$\begin{array}{r} 3 \\ \times\ 10 \\ \hline 30 \end{array}$
$\begin{array}{r} 3 \\ \times\ 8 \\ \hline 24 \end{array}$	$\begin{array}{r} 3 \\ \times\ 7 \\ \hline 21 \end{array}$	$\begin{array}{r} 3 \\ \times\ 12 \\ \hline 36 \end{array}$	$\begin{array}{r} 3 \\ \times\ 8 \\ \hline 24 \end{array}$	$\begin{array}{r} 3 \\ \times\ 1 \\ \hline 3 \end{array}$
$\begin{array}{r} 3 \\ \times\ 10 \\ \hline 30 \end{array}$	$\begin{array}{r} 3 \\ \times\ 0 \\ \hline 0 \end{array}$	$\begin{array}{r} 3 \\ \times\ 0 \\ \hline 0 \end{array}$	$\begin{array}{r} 3 \\ \times\ 9 \\ \hline 27 \end{array}$	$\begin{array}{r} 3 \\ \times\ 2 \\ \hline 6 \end{array}$

SOLUTION: MULTIPLAYING 4

4 × 9 = 36	4 × 6 = 24	4 × 8 = 32	4 × 11 = 44	4 × 9 = 36
4 × 2 = 8	4 × 9 = 36	4 × 8 = 32	4 × 5 = 20	4 × 3 = 12
4 × 0 = 0	4 × 4 = 16	4 × 5 = 20	4 × 1 = 4	4 × 4 = 16
4 × 5 = 20	4 × 2 = 8	4 × 10 = 40	4 × 3 = 12	4 × 1 = 4
4 × 0 = 0	4 × 10 = 40	4 × 12 = 48	4 × 7 = 28	4 × 3 = 12
4 × 1 = 4	4 × 0 = 0	4 × 2 = 8	4 × 9 = 36	4 × 1 = 4
4 × 5 = 20	4 × 12 = 48	4 × 5 = 20	4 × 11 = 44	4 × 10 = 40
4 × 2 = 8	4 × 9 = 36	4 × 6 = 24	4 × 4 = 16	4 × 0 = 0
4 × 8 = 32	4 × 12 = 48	4 × 11 = 44	4 × 11 = 44	4 × 1 = 4

SOLUTION: MULTIPLAYING 5

$\begin{array}{r}5\\ \times\ 10\\ \hline 50\end{array}$	$\begin{array}{r}5\\ \times\ 4\\ \hline 20\end{array}$	$\begin{array}{r}5\\ \times\ 7\\ \hline 35\end{array}$	$\begin{array}{r}5\\ \times\ 6\\ \hline 30\end{array}$	$\begin{array}{r}5\\ \times\ 1\\ \hline 5\end{array}$
$\begin{array}{r}5\\ \times\ 1\\ \hline 5\end{array}$	$\begin{array}{r}5\\ \times\ 12\\ \hline 60\end{array}$	$\begin{array}{r}5\\ \times\ 1\\ \hline 5\end{array}$	$\begin{array}{r}5\\ \times\ 5\\ \hline 25\end{array}$	$\begin{array}{r}5\\ \times\ 0\\ \hline 0\end{array}$
$\begin{array}{r}5\\ \times\ 11\\ \hline 55\end{array}$	$\begin{array}{r}5\\ \times\ 0\\ \hline 0\end{array}$	$\begin{array}{r}5\\ \times\ 12\\ \hline 60\end{array}$	$\begin{array}{r}5\\ \times\ 1\\ \hline 5\end{array}$	$\begin{array}{r}5\\ \times\ 2\\ \hline 10\end{array}$
$\begin{array}{r}5\\ \times\ 6\\ \hline 30\end{array}$	$\begin{array}{r}5\\ \times\ 2\\ \hline 10\end{array}$	$\begin{array}{r}5\\ \times\ 8\\ \hline 40\end{array}$	$\begin{array}{r}5\\ \times\ 4\\ \hline 20\end{array}$	$\begin{array}{r}5\\ \times\ 9\\ \hline 45\end{array}$
$\begin{array}{r}5\\ \times\ 10\\ \hline 50\end{array}$	$\begin{array}{r}5\\ \times\ 12\\ \hline 60\end{array}$	$\begin{array}{r}5\\ \times\ 6\\ \hline 30\end{array}$	$\begin{array}{r}5\\ \times\ 11\\ \hline 55\end{array}$	$\begin{array}{r}5\\ \times\ 2\\ \hline 10\end{array}$
$\begin{array}{r}5\\ \times\ 8\\ \hline 40\end{array}$	$\begin{array}{r}5\\ \times\ 0\\ \hline 0\end{array}$	$\begin{array}{r}5\\ \times\ 3\\ \hline 15\end{array}$	$\begin{array}{r}5\\ \times\ 11\\ \hline 55\end{array}$	$\begin{array}{r}5\\ \times\ 7\\ \hline 35\end{array}$
$\begin{array}{r}5\\ \times\ 12\\ \hline 60\end{array}$	$\begin{array}{r}5\\ \times\ 0\\ \hline 0\end{array}$	$\begin{array}{r}5\\ \times\ 9\\ \hline 45\end{array}$	$\begin{array}{r}5\\ \times\ 4\\ \hline 20\end{array}$	$\begin{array}{r}5\\ \times\ 2\\ \hline 10\end{array}$
$\begin{array}{r}5\\ \times\ 3\\ \hline 15\end{array}$	$\begin{array}{r}5\\ \times\ 7\\ \hline 35\end{array}$	$\begin{array}{r}5\\ \times\ 8\\ \hline 40\end{array}$	$\begin{array}{r}5\\ \times\ 9\\ \hline 45\end{array}$	$\begin{array}{r}5\\ \times\ 11\\ \hline 55\end{array}$
$\begin{array}{r}5\\ \times\ 1\\ \hline 5\end{array}$	$\begin{array}{r}5\\ \times\ 5\\ \hline 25\end{array}$	$\begin{array}{r}5\\ \times\ 5\\ \hline 25\end{array}$	$\begin{array}{r}5\\ \times\ 4\\ \hline 20\end{array}$	$\begin{array}{r}5\\ \times\ 6\\ \hline 30\end{array}$

SOLUTION: MULTIPLAYING 6

6 × 11 = 66	6 × 1 = 6	6 × 3 = 18	6 × 2 = 12	6 × 5 = 30
6 × 7 = 42	6 × 7 = 42	6 × 6 = 36	6 × 1 = 6	6 × 3 = 18
6 × 11 = 66	6 × 2 = 12	6 × 7 = 42	6 × 10 = 60	6 × 10 = 60
6 × 5 = 30	6 × 9 = 54	6 × 2 = 12	6 × 6 = 36	6 × 10 = 60
6 × 0 = 0	6 × 6 = 36	6 × 1 = 6	6 × 6 = 36	6 × 2 = 12
6 × 3 = 18	6 × 4 = 24	6 × 1 = 6	6 × 8 = 48	6 × 2 = 12
6 × 4 = 24	6 × 8 = 48	6 × 11 = 66	6 × 0 = 0	6 × 10 = 60
6 × 5 = 30	6 × 1 = 6	6 × 3 = 18	6 × 4 = 24	6 × 7 = 42
6 × 0 = 0	6 × 9 = 54	6 × 9 = 54	6 × 4 = 24	6 × 6 = 36

SOLUTION: MULTIPLAYING 7

7 × 4 = 28	7 × 8 = 56	7 × 3 = 21	7 × 2 = 14	7 × 3 = 21
7 × 0 = 0	7 × 2 = 14	7 × 9 = 63	7 × 10 = 70	7 × 5 = 35
7 × 12 = 84	7 × 2 = 14	7 × 5 = 35	7 × 2 = 14	7 × 3 = 21
7 × 10 = 70	7 × 11 = 77	7 × 6 = 42	7 × 1 = 7	7 × 1 = 7
7 × 7 = 49	7 × 3 = 21	7 × 6 = 42	7 × 7 = 49	7 × 4 = 28
7 × 0 = 0	7 × 12 = 84	7 × 10 = 70	7 × 12 = 84	7 × 6 = 42
7 × 6 = 42	7 × 8 = 56	7 × 4 = 28	7 × 8 = 56	7 × 9 = 63
7 × 1 = 7	7 × 9 = 63	7 × 11 = 77	7 × 12 = 84	7 × 4 = 28
7 × 9 = 63	7 × 11 = 77	7 × 7 = 49	7 × 5 = 35	7 × 0 = 0

SOLUTION: MULTIPLAYING 8

$8 \times 9 = 72$	$8 \times 2 = 16$	$8 \times 8 = 64$	$8 \times 5 = 40$	$8 \times 1 = 8$
$8 \times 3 = 24$	$8 \times 6 = 48$	$8 \times 0 = 0$	$8 \times 1 = 8$	$8 \times 7 = 56$
$8 \times 5 = 40$	$8 \times 1 = 8$	$8 \times 2 = 16$	$8 \times 3 = 24$	$8 \times 0 = 0$
$8 \times 6 = 48$	$8 \times 5 = 40$	$8 \times 7 = 56$	$8 \times 10 = 80$	$8 \times 9 = 72$
$8 \times 11 = 88$	$8 \times 8 = 64$	$8 \times 8 = 64$	$8 \times 6 = 48$	$8 \times 9 = 72$
$8 \times 7 = 56$	$8 \times 10 = 80$	$8 \times 3 = 24$	$8 \times 2 = 16$	$8 \times 0 = 0$
$8 \times 3 = 24$	$8 \times 12 = 96$	$8 \times 2 = 16$	$8 \times 9 = 72$	$8 \times 12 = 96$
$8 \times 11 = 88$	$8 \times 6 = 48$	$8 \times 3 = 24$	$8 \times 4 = 32$	$8 \times 8 = 64$
$8 \times 8 = 64$	$8 \times 10 = 80$	$8 \times 4 = 32$	$8 \times 7 = 56$	$8 \times 4 = 32$

SOLUTION: MULTIPLAYING 9

$\begin{array}{r}9\\ \times\ 0\\ \hline 0\end{array}$	$\begin{array}{r}9\\ \times\ 3\\ \hline 27\end{array}$	$\begin{array}{r}9\\ \times\ 5\\ \hline 45\end{array}$	$\begin{array}{r}9\\ \times\ 10\\ \hline 90\end{array}$	$\begin{array}{r}9\\ \times\ 12\\ \hline 108\end{array}$
$\begin{array}{r}9\\ \times\ 2\\ \hline 18\end{array}$	$\begin{array}{r}9\\ \times\ 5\\ \hline 45\end{array}$	$\begin{array}{r}9\\ \times\ 0\\ \hline 0\end{array}$	$\begin{array}{r}9\\ \times\ 3\\ \hline 27\end{array}$	$\begin{array}{r}9\\ \times\ 1\\ \hline 9\end{array}$
$\begin{array}{r}9\\ \times\ 10\\ \hline 90\end{array}$	$\begin{array}{r}9\\ \times\ 11\\ \hline 99\end{array}$	$\begin{array}{r}9\\ \times\ 4\\ \hline 36\end{array}$	$\begin{array}{r}9\\ \times\ 3\\ \hline 27\end{array}$	$\begin{array}{r}9\\ \times\ 0\\ \hline 0\end{array}$
$\begin{array}{r}9\\ \times\ 12\\ \hline 108\end{array}$	$\begin{array}{r}9\\ \times\ 12\\ \hline 108\end{array}$	$\begin{array}{r}9\\ \times\ 9\\ \hline 81\end{array}$	$\begin{array}{r}9\\ \times\ 4\\ \hline 36\end{array}$	$\begin{array}{r}9\\ \times\ 6\\ \hline 54\end{array}$
$\begin{array}{r}9\\ \times\ 7\\ \hline 63\end{array}$	$\begin{array}{r}9\\ \times\ 9\\ \hline 81\end{array}$	$\begin{array}{r}9\\ \times\ 10\\ \hline 90\end{array}$	$\begin{array}{r}9\\ \times\ 5\\ \hline 45\end{array}$	$\begin{array}{r}9\\ \times\ 4\\ \hline 36\end{array}$
$\begin{array}{r}9\\ \times\ 11\\ \hline 99\end{array}$	$\begin{array}{r}9\\ \times\ 8\\ \hline 72\end{array}$	$\begin{array}{r}9\\ \times\ 12\\ \hline 108\end{array}$	$\begin{array}{r}9\\ \times\ 1\\ \hline 9\end{array}$	$\begin{array}{r}9\\ \times\ 0\\ \hline 0\end{array}$
$\begin{array}{r}9\\ \times\ 2\\ \hline 18\end{array}$	$\begin{array}{r}9\\ \times\ 11\\ \hline 99\end{array}$	$\begin{array}{r}9\\ \times\ 1\\ \hline 9\end{array}$	$\begin{array}{r}9\\ \times\ 8\\ \hline 72\end{array}$	$\begin{array}{r}9\\ \times\ 11\\ \hline 99\end{array}$
$\begin{array}{r}9\\ \times\ 2\\ \hline 18\end{array}$	$\begin{array}{r}9\\ \times\ 4\\ \hline 36\end{array}$	$\begin{array}{r}9\\ \times\ 5\\ \hline 45\end{array}$	$\begin{array}{r}9\\ \times\ 11\\ \hline 99\end{array}$	$\begin{array}{r}9\\ \times\ 1\\ \hline 9\end{array}$
$\begin{array}{r}9\\ \times\ 9\\ \hline 81\end{array}$	$\begin{array}{r}9\\ \times\ 6\\ \hline 54\end{array}$	$\begin{array}{r}9\\ \times\ 1\\ \hline 9\end{array}$	$\begin{array}{r}9\\ \times\ 10\\ \hline 90\end{array}$	$\begin{array}{r}9\\ \times\ 6\\ \hline 54\end{array}$

SOLUTION: MULTIPLAYING 10

10 × 10 = 100	10 × 6 = 60	10 × 1 = 10	10 × 12 = 120	10 × 9 = 90
10 × 2 = 20	10 × 12 = 120	10 × 4 = 40	10 × 4 = 40	10 × 3 = 30
10 × 3 = 30	10 × 0 = 0	10 × 2 = 20	10 × 12 = 120	10 × 7 = 70
10 × 12 = 120	10 × 7 = 70	10 × 4 = 40	10 × 2 = 20	10 × 0 = 0
10 × 5 = 50	10 × 11 = 110	10 × 6 = 60	10 × 4 = 40	10 × 7 = 70
10 × 1 = 10	10 × 11 = 110	10 × 2 = 20	10 × 5 = 50	10 × 10 = 100
10 × 7 = 70	10 × 4 = 40	10 × 2 = 20	10 × 10 = 100	10 × 1 = 10
10 × 12 = 120	10 × 5 = 50	10 × 9 = 90	10 × 6 = 60	10 × 10 = 100
10 × 0 = 0	10 × 5 = 50	10 × 8 = 80	10 × 7 = 70	10 × 9 = 90

SOLUTION: MULTIPLAYING 11

$\begin{array}{r}11\\\times\ 3\\\hline 33\end{array}$	$\begin{array}{r}11\\\times\ 8\\\hline 88\end{array}$	$\begin{array}{r}11\\\times\ 7\\\hline 77\end{array}$	$\begin{array}{r}11\\\times\ 0\\\hline 0\end{array}$	$\begin{array}{r}11\\\times\ 9\\\hline 99\end{array}$
$\begin{array}{r}11\\\times\ 8\\\hline 88\end{array}$	$\begin{array}{r}11\\\times\ 5\\\hline 55\end{array}$	$\begin{array}{r}11\\\times\ 1\\\hline 11\end{array}$	$\begin{array}{r}11\\\times\ 2\\\hline 22\end{array}$	$\begin{array}{r}11\\\times\ 4\\\hline 44\end{array}$
$\begin{array}{r}11\\\times\ 3\\\hline 33\end{array}$	$\begin{array}{r}11\\\times\ 2\\\hline 22\end{array}$	$\begin{array}{r}11\\\times\ 10\\\hline 110\end{array}$	$\begin{array}{r}11\\\times\ 8\\\hline 88\end{array}$	$\begin{array}{r}11\\\times\ 12\\\hline 132\end{array}$
$\begin{array}{r}11\\\times\ 2\\\hline 22\end{array}$	$\begin{array}{r}11\\\times\ 12\\\hline 132\end{array}$	$\begin{array}{r}11\\\times\ 12\\\hline 132\end{array}$	$\begin{array}{r}11\\\times\ 2\\\hline 22\end{array}$	$\begin{array}{r}11\\\times\ 8\\\hline 88\end{array}$
$\begin{array}{r}11\\\times\ 5\\\hline 55\end{array}$	$\begin{array}{r}11\\\times\ 10\\\hline 110\end{array}$	$\begin{array}{r}11\\\times\ 0\\\hline 0\end{array}$	$\begin{array}{r}11\\\times\ 0\\\hline 0\end{array}$	$\begin{array}{r}11\\\times\ 12\\\hline 132\end{array}$
$\begin{array}{r}11\\\times\ 7\\\hline 77\end{array}$	$\begin{array}{r}11\\\times\ 3\\\hline 33\end{array}$	$\begin{array}{r}11\\\times\ 6\\\hline 66\end{array}$	$\begin{array}{r}11\\\times\ 5\\\hline 55\end{array}$	$\begin{array}{r}11\\\times\ 12\\\hline 132\end{array}$
$\begin{array}{r}11\\\times\ 9\\\hline 99\end{array}$	$\begin{array}{r}11\\\times\ 1\\\hline 11\end{array}$	$\begin{array}{r}11\\\times\ 4\\\hline 44\end{array}$	$\begin{array}{r}11\\\times\ 4\\\hline 44\end{array}$	$\begin{array}{r}11\\\times\ 7\\\hline 77\end{array}$
$\begin{array}{r}11\\\times\ 11\\\hline 121\end{array}$	$\begin{array}{r}11\\\times\ 7\\\hline 77\end{array}$	$\begin{array}{r}11\\\times\ 11\\\hline 121\end{array}$	$\begin{array}{r}11\\\times\ 9\\\hline 99\end{array}$	$\begin{array}{r}11\\\times\ 10\\\hline 110\end{array}$
$\begin{array}{r}11\\\times\ 8\\\hline 88\end{array}$	$\begin{array}{r}11\\\times\ 9\\\hline 99\end{array}$	$\begin{array}{r}11\\\times\ 0\\\hline 0\end{array}$	$\begin{array}{r}11\\\times\ 1\\\hline 11\end{array}$	$\begin{array}{r}11\\\times\ 10\\\hline 110\end{array}$

SOLUTION: MULTIPLAYING 12

12 × 10 = 120	12 × 1 = 12	12 × 1 = 12	12 × 6 = 72	12 × 4 = 48
12 × 10 = 120	12 × 12 = 144	12 × 5 = 60	12 × 4 = 48	12 × 12 = 144
12 × 7 = 84	12 × 11 = 132	12 × 3 = 36	12 × 4 = 48	12 × 11 = 132
12 × 9 = 108	12 × 1 = 12	12 × 0 = 0	12 × 2 = 24	12 × 7 = 84
12 × 8 = 96	12 × 9 = 108	12 × 9 = 108	12 × 11 = 132	12 × 7 = 84
12 × 0 = 0	12 × 5 = 60	12 × 3 = 36	12 × 8 = 96	12 × 12 = 144
12 × 1 = 12	12 × 8 = 96	12 × 8 = 96	12 × 8 = 96	12 × 5 = 60
12 × 7 = 84	12 × 3 = 36	12 × 10 = 120	12 × 12 = 144	12 × 2 = 24
12 × 4 = 48	12 × 11 = 132	12 × 10 = 120	12 × 11 = 132	12 × 1 = 12

SOLUTION: MULTIPLAYING 13

13 × 4 = 52	13 × 10 = 130	13 × 5 = 65	13 × 8 = 104	13 × 7 = 91
13 × 11 = 143	13 × 2 = 26	13 × 9 = 117	13 × 7 = 91	13 × 8 = 104
13 × 8 = 104	13 × 11 = 143	13 × 10 = 130	13 × 1 = 13	13 × 6 = 78
13 × 11 = 143	13 × 8 = 104	13 × 12 = 156	13 × 3 = 39	13 × 3 = 39
13 × 6 = 78	13 × 12 = 156	13 × 1 = 13	13 × 10 = 130	13 × 2 = 26
13 × 11 = 143	13 × 1 = 13	13 × 9 = 117	13 × 3 = 39	13 × 0 = 0
13 × 4 = 52	13 × 7 = 91	13 × 9 = 117	13 × 4 = 52	13 × 6 = 78
13 × 10 = 130	13 × 2 = 26	13 × 4 = 52	13 × 5 = 65	13 × 12 = 156
13 × 2 = 26	13 × 9 = 117	13 × 7 = 91	13 × 4 = 52	13 × 1 = 13

SOLUTION: MULTIPLAYING 13

SOLUTION: MULTIPLAYING 14

14 × 10 = 140	14 × 5 = 70	14 × 3 = 42	14 × 7 = 98	14 × 6 = 84
14 × 10 = 140	14 × 2 = 28	14 × 2 = 28	14 × 9 = 126	14 × 0 = 0
14 × 1 = 14	14 × 4 = 56	14 × 0 = 0	14 × 5 = 70	14 × 8 = 112
14 × 9 = 126	14 × 6 = 84	14 × 1 = 14	14 × 11 = 154	14 × 11 = 154
14 × 0 = 0	14 × 0 = 0	14 × 5 = 70	14 × 3 = 42	14 × 5 = 70
14 × 10 = 140	14 × 8 = 112	14 × 9 = 126	14 × 7 = 98	14 × 1 = 14
14 × 11 = 154	14 × 9 = 126	14 × 12 = 168	14 × 3 = 42	14 × 7 = 98
14 × 4 = 56	14 × 4 = 56	14 × 9 = 126	14 × 4 = 56	14 × 12 = 168
14 × 10 = 140	14 × 0 = 0	14 × 8 = 112	14 × 7 = 98	14 × 12 = 168

SOLUTION: MULTIPLAYING 15

15 × 4 = 60	15 × 12 = 180	15 × 3 = 45	15 × 11 = 165	15 × 6 = 90
15 × 2 = 30	15 × 2 = 30	15 × 5 = 75	15 × 9 = 135	15 × 4 = 60
15 × 12 = 180	15 × 10 = 150	15 × 5 = 75	15 × 2 = 30	15 × 7 = 105
15 × 1 = 15	15 × 12 = 180	15 × 6 = 90	15 × 5 = 75	15 × 0 = 0
15 × 5 = 75	15 × 0 = 0	15 × 3 = 45	15 × 4 = 60	15 × 12 = 180
15 × 1 = 15	15 × 8 = 120	15 × 4 = 60	15 × 7 = 105	15 × 5 = 75
15 × 2 = 30	15 × 0 = 0	15 × 8 = 120	15 × 11 = 165	15 × 9 = 135
15 × 8 = 120	15 × 9 = 135	15 × 9 = 135	15 × 10 = 150	15 × 7 = 105
15 × 3 = 45	15 × 3 = 45	15 × 8 = 120	15 × 0 = 0	15 × 1 = 15

SECTION II
(EXERCISES)

NAME: _____	SCORE:	/ 20	Time :
DATE: _____			

MIXED PROBLEMS N°1

23	44	42	42	23
× 2	× 6	× 0	× 8	× 7

59	47	68	31	90
× 3	× 4	× 1	× 6	× 2

14	21	54	14	12
× 2	× 4	× 1	× 3	× 4

44	23	21	32	42
× 2	× 4	× 3	× 3	× 2

NAME: _____
DATE: _____
SCORE: ___ / 20
Time :

MIXED PROBLEMS N°2

```
   26        40        34        54        38
 ×  3      ×  2      ×  6      ×  2      ×  6


   65        76        64        54        99
 ×  4      ×  5      ×  5      ×  2      ×  0


   19        18        16        24        22
 ×  3      ×  4      ×  3      ×  6      ×  7


   24        48        22        38        78
 ×  8      ×  2      ×  6      ×  4      ×  3
```

MIXED PROBLEMS N°3

| 64 × 3 | 54 × 3 | 56 × 4 | 67 × 9 | 38 × 6 |

| 54 × 6 | 64 × 8 | 84 × 0 | 63 × 2 | 43 × 5 |

| 63 × 9 | 53 × 8 | 73 × 5 | 18 × 4 | 63 × 1 |

| 29 × 3 | 74 × 5 | 62 × 4 | 19 × 6 | 83 × 5 |

NAME:_____
DATE:_____
SCORE: / 20
Time :

MIXED PROBLEMS N°4

| 38 × 4 | 19 × 7 | 43 × 5 | 86 × 7 | 23 × 6 |

| 43 × 2 | 95 × 6 | 83 × 5 | 98 × 5 | 83 × 0 |

| 64 × 6 | 29 × 3 | 94 × 6 | 21 × 3 | 64 × 8 |

| 93 × 5 | 93 × 4 | 18 × 4 | 84 × 6 | 92 × 7 |

NAME:_____
DATE:_____
SCORE: / 20
Time :

MIXED PROBLEMS N°5

| 27 × 6 | 83 × 5 | 83 × 5 | 93 × 4 | 23 × 6 |

| 93 × 5 | 93 × 2 | 23 × 5 | 72 × 3 | 83 × 4 |

| 35 × 5 | 82 × 4 | 38 × 7 | 82 × 5 | 92 × 3 |

| 92 × 4 | 74 × 5 | 17 × 3 | 83 × 6 | 82 × 8 |

NAME:_____ SCORE: / 20 Time :
DATE:_____

PRACTICE DOUBLE DIGIT MULTIPLICATION N°1

```
   23        53        89        67        23
 x 45      x 45      x 65      x 87      x 54


   19        83        98        98        98
 x 23      x 45      x 34      x 23      x 86


   93        76        29        98        98
 x 45      x 34      x 33      x 23      x 23


   23        98        78        89        98
 x 23      x 23      x 23      x 12      x 23
```

NAME: _____ **SCORE:** / 20 **Time :**
DATE : _____

PRACTICE DOUBLE DIGIT MULTIPLICATION N°2

$$\begin{array}{r}72\\\times\ 23\\\hline\end{array} \qquad \begin{array}{r}18\\\times\ 23\\\hline\end{array} \qquad \begin{array}{r}83\\\times\ 45\\\hline\end{array} \qquad \begin{array}{r}92\\\times\ 34\\\hline\end{array} \qquad \begin{array}{r}24\\\times\ 32\\\hline\end{array}$$

$$\begin{array}{r}87\\\times\ 34\\\hline\end{array} \qquad \begin{array}{r}85\\\times\ 33\\\hline\end{array} \qquad \begin{array}{r}76\\\times\ 23\\\hline\end{array} \qquad \begin{array}{r}86\\\times\ 35\\\hline\end{array} \qquad \begin{array}{r}18\\\times\ 32\\\hline\end{array}$$

$$\begin{array}{r}97\\\times\ 23\\\hline\end{array} \qquad \begin{array}{r}86\\\times\ 32\\\hline\end{array} \qquad \begin{array}{r}43\\\times\ 65\\\hline\end{array} \qquad \begin{array}{r}98\\\times\ 43\\\hline\end{array} \qquad \begin{array}{r}18\\\times\ 43\\\hline\end{array}$$

$$\begin{array}{r}87\\\times\ 24\\\hline\end{array} \qquad \begin{array}{r}98\\\times\ 43\\\hline\end{array} \qquad \begin{array}{r}18\\\times\ 32\\\hline\end{array} \qquad \begin{array}{r}98\\\times\ 63\\\hline\end{array} \qquad \begin{array}{r}98\\\times\ 16\\\hline\end{array}$$

PRACTICE DOUBLE DIGIT MULTIPLICATION N°3

| 62 × 43 | 89 × 54 | 74 × 64 | 98 × 34 | 89 × 34 |

| 96 × 38 | 94 × 32 | 28 × 43 | 84 × 23 | 87 × 32 |

| 82 × 39 | 97 × 32 | 82 × 34 | 18 × 24 | 89 × 24 |

| 82 × 45 | 18 × 23 | 83 × 45 | 92 × 34 | 16 × 23 |

NAME:_____
DATE:_____
SCORE: / 20
Time:

PRACTICE DOUBLE DIGIT MULTIPLICATION N°4

| 23 × 43 | 73 × 21 | 89 × 43 | 27 × 43 | 23 × 43 |

| 89 × 21 | 74 × 65 | 89 × 43 | 78 × 23 | 89 × 63 |

| 96 × 38 | 68 × 47 | 78 × 29 | 83 × 58 | 90 × 32 |

| 23 × 45 | 74 × 75 | 89 × 36 | 74 × 64 | 93 × 47 |

NAME:_____
DATE:_____ **SCORE:** / 20   **Time :**

PRACTICE DOUBLE DIGIT MULTIPLICATION N°5

25	95	73	89	67
× 53	× 54	× 58	× 53	× 32

78	89	67	26	46
× 43	× 43	× 42	× 42	× 21

78	89	89	83	78
× 32	× 44	× 32	× 45	× 43

34	89	89	78	89
× 32	× 53	× 43	× 42	× 34

MIXED PROBLEMS (3 DIGITS X 2 DIGITS)

244 × 53	248 × 54	843 × 58	839 × 53	783 × 32
672 × 43	183 × 43	722 × 42	638 × 42	129 × 21
283 × 32	394 × 44	293 × 32	823 × 45	748 × 43
334 × 32	819 × 53	899 × 43	728 × 42	859 × 34

NAME: _____
DATE: _____
SCORE: 20
Time:

MIXED PROBLEMS (3 DIGITS X 2 DIGITS)

253	463	730	736	722
× 83	× 47	× 46	× 37	× 34

192	732	647	839	374
× 34	× 13	× 38	× 23	× 22

293	394	283	484	182
× 45	× 24	× 45	× 32	× 45

489	382	584	473	473
× 32	× 34	× 34	× 24	× 56

NAME: _____
DATE: _____
SCORE: ___ / 20
Time: ___

MIXED PROBLEMS (3 DIGITS X 1 DIGIT)

335	452	169	797	665
× 5	× 3	× 8	× 5	× 2

184	264	196	206	107
× 1	× 3	× 4	× 3	× 2

166	177	203	432	157
× 2	× 2	× 4	× 5	× 6

294	178	342	129	732
× 3	× 7	× 5	× 4	× 6

NAME:_____
DATE:_____
SCORE: / 20
Time:

MIXED PROBLEMS (3 DIGITS X 1 DIGIT)

333	422	239	797	465
x 5	x 2	x 8	x 5	x 3

284	564	396	226	170
x 2	x 3	x 4	x 2	x 2

666	177	207	374	188
x 2	x 7	x 4	x 5	x 6

227	165	493	109	732
x 3	x 7	x 5	x 4	x 3

NAME: _____
DATE: _____
SCORE: ___/20
Time:

MIXED PROBLEMS (3 DIGITS X 1 DIGIT)

375	222	209	600	466
× 5	× 2	× 6	× 5	× 3

384	564	366	223	270
× 6	× 3	× 3	× 4	× 3

555	377	403	476	698
× 2	× 2	× 3	× 5	× 6

327	165	393	169	744
× 3	× 5	× 5	× 4	× 3

NAME: _____
DATE: _____
SCORE: ___ / 20
Time:

MIXED PROBLEMS (3 DIGITS X 1 DIGIT)

| 320 × 3 | 333 × 2 | 346 × 4 | 689 × 0 | 323 × 3 |

| 376 × 3 | 564 × 3 | 306 × 2 | 223 × 7 | 278 × 3 |

| 265 × 2 | 309 × 8 | 903 × 3 | 276 × 5 | 198 × 6 |

| 333 × 4 | 165 × 7 | 293 × 4 | 369 × 4 | 844 × 3 |

FIND THE MISSING MULTIPLIERS

NAME: _____
DATE: _____
SCORE: / 16
Time:

Find the missing multipliers:
N°1

6 x ___ = 48   8 x ___ = 32

5 x ___ = 25   7 x ___ = 28

3 x ___ = 18   2 x ___ = 10

4 x ___ = 12   5 x ___ = 45

7 x ___ = 21   6 x ___ = 36

8 x ___ = 16   4 x ___ = 32

9 x ___ = 81   3 x ___ = 15

2 x ___ = 18   9 x ___ = 72

| NAME: _____ | SCORE: | | Time |
| DATE: _____ | | 16 | : |

Find the missing multipliers : N°2

6 x ___ = 30   8 x ___ = 64

5 x ___ = 40   7 x ___ = 49

3 x ___ = 9   2 x ___ = 16

4 x ___ = 20   5 x ___ = 30

7 x ___ = 63   6 x ___ = 42

8 x ___ = 40   4 x ___ = 36

9 x ___ = 54   3 x ___ = 24

2 x ___ = 14   9 x ___ = 45

NAME: _____
DATE: _____
SCORE: /16
Time :

Find the missing multipliers :
N°3

8 x ___ = 72   9 x ___ = 36

6 x ___ = 48   6 x ___ = 12

5 x ___ = 50   3 x ___ = 6

4 x ___ = 32   5 x ___ = 50

7 x ___ = 56   6 x ___ = 48

8 x ___ = 48   4 x ___ = 28

9 x ___ = 63   3 x ___ = 30

6 x ___ = 24   9 x ___ = 18

NAME:_____
DATE:_____
SCORE: / 28
Time:

FIND THE MISSING FACTORS.

1) 837 = 31 × __   2) __ × 11 = 286

3) 228 = 12 × __   4) 264 = __ × 11

5) 504 = 14 × __   6) __ × 16 = 224

7) 39 × __ = 1287   8) 35 × __ = 1295

9) __ × 39 = 1560   10) 17 × __ = 340

11) 34 × __ = 612   12) 12 × __ = 132

13) 624 = __ × 24   14) 693 = __ × 33

15) 210 = 10 × __   16) 13 × __ = 364

17) 23 × __ = 805   18) 31 × __ = 1240

19) __ × 25 = 775   20) __ × 33 = 990

21) 11 × __ = 319   22) 612 = __ × 34

23) __ × 23 = 713   24) __ × 36 = 468

25) 950 = 25 × __   26) 868 = __ × 31

27) __ × 36 = 612   28) 1190 = __ × 35

SOLUTIONS

SOLUTION

Find the missing multipliers :
N°1

6 x 8 = 48	8 x 4 = 32
5 x 5 = 25	7 x 4 = 28
3 x 6 = 18	2 x 5 = 10
4 x 3 = 12	5 x 9 = 45
7 x 3 = 21	6 x 6 = 36
8 x 2 = 16	4 x 8 = 32
9 x 9 = 81	3 x 5 = 15
2 x 9 = 18	9 x 8 = 72

SOLUTION

Find the missing multipliers :
N°2

6 x 5 = 30	8 x 8 = 64
5 x 8 = 40	7 x 7 = 49
3 x 3 = 9	2 x 8 = 16
4 x 5 = 20	5 x 6 = 30
7 x 9 = 63	6 x 7 = 42
8 x 5 = 40	4 x 9 = 36
9 x 6 = 54	3 x 8 = 24
2 x 7 = 14	9 x 5 = 45

SOLUTION

Find the missing multipliers : N°3

8 x 9 = 72		9 x 4 = 36
6 x 8 = 48		6 x 2 = 12
5 x 10 = 50		3 x 2 = 6
4 x 8 = 32		5 x 10 = 50
7 x 8 = 56		6 x 8 = 48
8 x 6 = 48		4 x 6 = 28
9 x 8 = 63		3 x 10 = 30
6 x 4 = 24		9 x 2 = 18

SOLUTION

1) 837 = 31 x 27
2) 26 x 11 = 286
3) 228 = 12 x 19
4) 264 = 24 x 11
5) 504 = 14 x 36
6) 14 x 16 = 224
7) 39 x 33 = 1287
8) 35 x 37 = 1295
9) 40 x 39 = 1560
10) 17 x 20 = 340
11) 34 x 18 = 612
12) 12 x 11 = 132
13) 624 = 26 x 24
14) 693 = 21 x 33
15) 210 = 10 x 21
16) 13 x 28 = 364
17) 23 x 35 = 805
18) 31 x 40 = 1240
19) 31 x 25 = 775
20) 30 x 33 = 990
21) 11 x 29 = 319
22) 612 = 18 x 34
23) 31 x 23 = 713
24) 13 x 36 = 468
25) 950 = 25 x 38
26) 868 = 28 x 31
27) 17 x 36 = 612
28) 1190 = 34 x 35

WRITE MULTIPLICATION SENTENCE

NAME:_____	SCORE:	/ 8	Time :
DATE:_____			

WRITE MULTIPLICATION SENTENCE :

1+1+1+1+1+1   ____ X ____ = ___

2+2+2+2+2   ____ X ____ = ___

3+3+3+3   ____ X ____ = ___

4+4+4   ____ X ____ = ___

5+5+5+5+5+5   ____ X ____ = ___

6+6+6+6+6   ____ X ____ = ___

7+7+7+7+7+7   ____ X ____ = ___

8+8+8+8+8   ____ X ____ = ___

NAME:_____	SCORE: / 8	Time :
DATE :_____		

WRITE MULTIPLICATION SENTENCE :

3+3+3+3+3+3   ____X____ = ___

9+9+9+9+9+9   ____X____ = ___

4+4+4+4+4   ____X____ = ___

2+2+2+2   ____X____ = ___

1+1+1+1+1+1+1+1   ____X____ = ___

7+7+7+7+7   ____X____ = ___

8+8+8+8+8+8   ____X____ = ___

5+5+5   ____X____ = ___

IF YOU ENJOY THIS BOOK, PLEASE TAKE A MOMENT
TO LEAVE YOUR REVIEW ON AMAZON REVIEW PAGE FOR OUR BOOKS,
JUST A FEW WORDS, IT WOULD HELP US A LOT!
THANK YOU FOR YOUR SUPPORT!

CPSIA information can be obtained
at www.ICGtesting.com
Printed in the USA
LVHW060815010723
751330LV00040BA/1127

9 798703 209752